deux phénix difficiles à trouver; ayons des institutions où nous ne pouvons avoir des hommes. Un conseil d'amirauté et un jury, voilà le ministre et le directeur; demandez à l'escadre et aux ateliers.

A. Jal.

6.

DE LA RÉPUBLIQUE.

« Le *moi* est odieux, » dit Pascal.

Il y a moyen de pousser cette idée plus loin que Pascal, qui laissait rarement ses idées en chemin.

Le *moi* est ridicule, et le ridicule en France est pire que l'odieux.

Il me semble cependant que, dans les questions d'intérêt public où l'homme lui-même devient non-seulement le témoin, mais l'expression vivante d'une pensée, le *moi* est une chose de valeur qui sert de mesure à l'opinion et de sceau à la parole.

Aux jours d'organisation des sociétés, c'est le *verbe* qui se fait homme.

Aux jours de conservation des sociétés, c'est l'homme qui se fait *verbe*.

Après cela, me voici. De naissance, d'éducation, de sentimens, de doctrines, de mœurs, je suis à la liberté. Je n'ai jamais varié sur ce principe, même dans mon dévouement sincère à la restauration, qui est, selon ma conscience, et de toute la durée de l'histoire écrite, LE SEUL SYSTÈME SOCIAL où les idées organisatrices de la liberté aient été converties en lois, LE SEUL où elles aient été aussi franchement respectées que pouvaient le permettre, en de si rapides transitions, le mouvement de nos passions, l'imperfection de nos lumières, et la faiblesse d'une constitution naissante.

Otez de là en effet tout ce qui appartient aux prétentions orageuses des partis et aux expériences progressives d'un pouvoir incessamment contesté par des intérêts dissidens, vous y verrez ce que j'ai cru y voir, une époque unique et providentielle entre toutes les législations du monde, qui a tracé comme il le fallait la ligne de démarcation du passé et de l'avenir, sans imprimer sur le présent le sillon trop profond qui pouvait devenir un abîme.

Quand des mains imprudentes ont essayé de creuser cet abîme, j'ai gravi du côté où nous sommes, parce que j'ai senti que c'était sur ce bord que devait se fixer pour quelque temps la station imposante du genre humain.

Elle y est, et moi avec elle. Elle ne m'y a pas traîné. C'est trop que de devancer les peuples; c'est trop peu que de les suivre.

Aujourd'hui une rumeur s'élève, celle d'une caravane agitée, inquiète, impatiente de son but inconnu, qui est accoutumée à changer de place à chaque soleil.

Les uns demandent où nous allons, les autres où nous pourrions aller; le grand nombre demande si nous ne ferions pas sagement de rester où nous sommes.

Il n'y a guère plus de bien et de mal calculables dans la condition des sociétés que dans la marche des caravanes. Notre route est tracée à jamais, rien ne nous en détournera.

L'intervalle seul est douteux. Est-ce le despotisme? est-ce l'anarchie? est-ce le despotisme et l'anarchie tour à tour? et dans quel ordre faut-il se préparer à les subir? Je n'en sais rien. La marche des fléaux que l'homme se fait à lui-même n'est pas réglée par des lois invariables comme celle des comètes.

Le point d'arrivée est plus sûr. Le temps des grands états n'est pas loin de finir dans l'Occident, parce que tout doit finir partout.

Reste à savoir quel est le premier pays qui se livrera aux chances de ce démembrement. Celui-là sera certainement le plus malheureux, surtout s'il improvise sa transformation avec de grandes villes, de mauvaises mœurs, un luxe effréné, un égoïsme avare et féroce, une philosophie dubitative, une religion qui meurt, et point d'institutions.

Si vous vous informez pourquoi le système des petits états m'apparaît dans une perspective que je crois infaillible, je ne sais rien vous répondre, sinon que je l'y vois probablement parce qu'il y est. La société est un cercle vicieux. Elle va d'où elle vient, et nous venons du bas-empire et du moyen âge.

Si vous vous informez combien durera cette nouvelle modification des sociétés, si elle ne dure toujours, je vous répondrai qu'elle durera plus ou moins, selon les élémens de vitalité que notre organisme social aura laissés dans le sien, mais qu'elle cessera d'être à son tour, pour faire place à d'autres formes, et revenir peut-être à celles que vous avez abandonnées pour la produire.

Et la raison de cela, c'est que dans ce monde instable, il n'y a rien de plus instable, et cependant de plus régulier dans ses révolutions, que l'éternelle instabilité de l'esprit humain.

Si quelqu'un m'avait suivi dans ces raisonnemens, qui ne sont ni plus ni moins exacts que l'almanach de l'Observatoire... —
Si un homme de bonne foi me disait :

« Peut-on entreprendre, du moins avec quelque espérance de
» succès, de s'arrêter long-temps à un ordre de choses mixte, ap-
» proprié aux besoins les plus reconnus de l'époque, et d'y mû-
» rir avec force et avec prudence les principes générateurs de l'or-
» dre qui le remplacera, de manière à épargner d'épouvantables
» secousses au monde social ; et cela serait-il bien ? »

Oui, mon ami, lui répondrais-je en le pressant sur mon cœur, on peut l'entreprendre, on peut y réussir, et non-seulement cela serait bien, mais c'est le seul bien qui vous reste. Vous ne vous arrêteriez pas absolument, car les peuples ne sont jamais immobiles à leur décadence ; mais vous marcheriez lentement et sans fatigue avec eux ; et plus vous ménageriez, par des pentes aisées, la déclivité de leur chute, plus vous prolongeriez leur bonheur possible, dans l'acception relative et philosophique du mot, puisque de tous les états des nations, comme de l'homme, le plus à redouter, c'est la mort; et que c'est à la mort que nous allons tous, hommes et nations.

Quant à vous arrêter indéfiniment, n'y pensez jamais. Le plan où vous glissez est trop incliné pour cela ; et ce serait une ironie trop sanglante que de dire à un peuple inoculé de la peste : Levez-vous, et vivez.

Voyons toutefois ce que demande l'instinct de renouvellement qui hâte avec une énergie si dévorante la destruction de notre corps politique.

La République !

Ce mot ne résonne pas mal dans les souvenirs de ma vieille créance, et je l'ai proclamé jadis, en face de la hache et des faisceaux, avant d'être forcé à le rappeler, sans m'énorgueillir et sans m'accuser, dans ma profession de foi.

Depuis, j'ai appris quelque chose, car j'ai vécu, et je ne sais pas ce que c'est que la république.

En soi, ce mot n'est qu'un mot, et ce n'est pas avec un mot à mille acceptions diverses qu'on organise les peuples sensés. Venons droit à la chose, et surprenons-la sous sa véritable figure, dans ses attributs naturels.

Ce serait abuser de la facile érudition d'un écolier de sixième que de commencer par établir que le mot république ne désigne aucun gouvernement spécial. Il signifie seulement *la chose de tous*, et cette qualification appartient à toutes les institutions politiques sans exception.

Il y avait une république sous Appius. Il y avait une république sous Caligula.

Dans sa signification la moins vague, c'est le gouvernement auquel le peuple participe immédiatement, ou par élection, et c'est ainsi que je le considère.

Je simplifierai encore la question, en retranchant de cet examen tout ce qui se rapporte aux républiques anciennes, et voici pourquoi :

Les anciens avaient fondé leurs républiques illusoires sur une institution qui était le principe et le mobile de leur organisation sociale. Cette institution, c'est l'esclavage.

Elle n'existe plus dans les pays très-civilisés de l'Europe, depuis l'établissement du christianisme. Elle se renouvellera certainement, car tout se renouvelle, et tout ce qui a été sera jusqu'à ce que tout finisse, et que la forme matérielle du monde soit elle-même changée.

Elle ne se renouvellera pas de nos jours, et quoique nous en soyons plus près peut-être qu'on ne le pense, elle n'a jamais été plus antipathique qu'aujourd'hui avec la conscience morale et politique des sociétés.

Cependant, sans l'esclavage, point de RÉPUBLIQUE à Athènes et à Rome. Sans l'ilotisme, point de RÉPUBLIQUE à Sparte.

Nous n'en parlerons donc point, et nous descendrons aux RÉPUBLIQUES modernes.

Quelle est LA RÉPUBLIQUE qu'on nous propose ?

Est-ce LA RÉPUBLIQUE de Venise, avec son oligarchie tragique, sa police défiante et cruelle, sa bouche de fer, ses sbires et ses espions ?

Est-ce LA RÉPUBLIQUE de Genève, avec son aristocratie méticuleuse, son individualisme industriel et mercantile, son territoire d'une lieue et sa sécurité d'un jour ?

Est-ce LA RÉPUBLIQUE de Saint-Marin, avec sa population homogène, sa civilisation rustique, ses mœurs de famille ou de tribu, sa pauvreté sans ambition et sans crainte, qui ne peut concevoir ni exciter l'esprit de conquête ?

Arrivons donc à nos propres essais, à nos jours d'étude et d'expérience !

Est-ce LA RÉPUBLIQUE de Condorcet, avec ses idéalités inapplicables, ses théories sans pratique, faites pour l'homme à la manière de Thomas Morus ou de Platon, précisément comme l'*Émile* de Rousseau est fait pour l'enfant ?

Est-ce LA RÉPUBLIQUE de Hérault-Séchelles, création informe, enfantée dans le délire d'une démocratie malade, idole altérée de sang, qu'il fallut cependant voiler pour ne pas la teindre de sang ?

Est-ce LA RÉPUBLIQUE de Saint-Just, rêverie laconienne d'un énergumène de génie, fantaisie d'un fou poétique que la révolution fit monter à l'échafaud, et que la raison du genre humain aurait envoyé au *Bedlam* de l'univers ?

Est-ce LA RÉPUBLIQUE effrontée du Directoire, sous sa responsabilité de crimes et sa garantie d'or, furie immonde et fardée qui ressemble à la liberté comme les goules ressemblent aux bayadères, et qui dansait sur les tombeaux en brodequins de diamans ?

Est-ce LA RÉPUBLIQUE du consulat, jongleuse adroite et caressante, qui se pavanait de gloire et de liberté pour nous réduire à la honte et à la servitude, et qui nous faisait fabriquer de nos mains des chaînes artificieuses, avec tous les débris des chaînes que nous avions usées ?

Est-ce LA RÉPUBLIQUE de l'Empire, et, Dieu me pardonne ! je crois qu'on n'en détourne pas sans dessein nos regards. *Proximus ardet Ucalegon.* Je le déclare pourtant : les langues humaines n'ont point de dérisions assez grotesques pour caractériser la liberté de celle-là.

Je n'ai pas dessein de me soustraire à la question. Je la cherche de bonne foi, parce que c'est ma manière d'agir, parce que la vérité est la passion de mon cœur, et qu'Isis même ne me ferait pas mourir de mort, comme les prêtres d'Égypte, en soulevant à mes yeux le dernier de ses bandeaux.

C'est peut-être LA RÉPUBLIQUE des États-Unis de l'Amérique ?

Expliquons-nous : je la tiens pour bonne ; et si je ne la tiens pas pour parfaite, c'est, premièrement, qu'il n'y a rien de parfait dans les œuvres de notre intelligence ; et, secondement, c'est qu'il n'y a rien de plus imparfait dans les œuvres de notre intelligence que les systèmes politiques. Le motif en est plausible. Tout système politique est faux, parce que la société est une déception, et qu'il n'y a point de perfection possible dans le faux.

Il y a du moins partout un mieux relatif ; LA RÉPUBLIQUE des États-Unis en est une preuve, et je serai prêt à me ranger à ses lois quand vous me les apporterez avec toutes leurs conditions, car le relatif est toujours conditionnel. Enlevez une partie à l'ensemble, retranchez un chiffre au calcul : le quotient est un   mensonge.

Que si vous nous donnez une civilisation intrinsèque, une société unanime de principes et d'habitudes, un peuple fait d'une pièce, avec un instinct universel de sympathie, qu'on appellera comme on voudra, la nécessité, l'intérêt ou la raison ;

Que si vous placez cette grande famille d'hommes sur un sol immense, où la loi agraire ne peut faire que des riches, et qui n'a de limites à ses limbes incertains qu'une civilisation imparfaite et sauvage ;

Que si vous me faites voir ses fleuves plus opulens que nos mers, puisqu'elle en a seule la navigation et l'entrepôt, ses magnifiques plantations, ses habitations vastes et bien assises, où se fonde et se consolide une vaste et puissante féodalité ;

Que si vous avez enfin dans votre vieil Occident quelque jeune et belle Amérique à livrer aux exploitations du travail et à celles de la pensée ; qui de nous n'irait y planter le jalon, et la retourner du soc ?

Autrement, portons loin le drapeau du pays, déployons ses voiles, hissons ses pavillons ; et allons demander à une sixième partie du monde ces régions vierges et fortunées, qui se sont dérobées jusqu'ici aux recherches des navigateurs.

C'est peut-être enfin la RÉPUBLIQUE de Buzot, cette sincère utopie du fédéralisme, qui n'a jamais existé que dans les causeries éloquentes du salon de Roland, cette chimère généreuse des Girondins, qui appauvrit d'un sang si pur les veines de la liberté.

Celle-là fut conçue ; elle palpita dans les flancs de la révolution, comme le fruit d'un noble amour qui ne demande qu'à naître, et puis elle mourut au sein qui la portait, sous le glaive du bourreau. Vous savez comme moi pourquoi cela est arrivé.

C'est que les législateurs de nos jours n'ont plus le privilége de Prométhée ; c'est qu'ils ne sauraient improviser une créature adulte et forte qui s'empare de la terre par droit de première possession, comme Pandore, avec un vain trésor d'espérance ; c'est que depuis Pandore toutes les civilisations se sont animées d'une vie antérieure dont les sympathies composent la partie essentielle de leur propre vie.

Quelque nouveau qu'il paraisse, un ordre de choses nouveau n'est qu'une conséquence.

Et s'il n'est la conséquence bien graduée des systèmes auxquels il s'enchaîne, ce nouvel ordre de choses n'est rien.

Cependant, depuis cette époque d'énergie productrice où le fédéralisme tenta d'éclore, toutes les chances du fédéralisme n'ont cessé de diminuer, et vous en savez encore la raison.

Le fédéralisme de la Gironde, pour lequel mon cœur palpita comme le vôtre, échoua contre deux écueils.

La révolution avait effacé les institutions locales, et proscrit jusqu'à leurs traditions. Or, sans institutions locales et traditionnelles, on ne fera jamais de RÉPUBLIQUE.

Paris s'était fait gouvernement et législateur, de son propre mouvement, au détriment des vingt-neuf trentièmes de la population française, et il venait de substituer au monstre hideux du despotisme le monstre plus hideux encore de la centralisation.

La commune du 31 mai fut pour la RÉPUBLIQUE naissante ce qu'avaient été les maires du palais pour les débiles monarchies du moyen âge.

A compter de ce jour, le faible *tyran* qu'on appelait Louis XVI fut remplacé par un despote à six cent mille têtes, qui transporta son trône ambulant, au gré de la populace, ou sous la force des baïonnettes, des échoppes au manége, du manége au Luxembourg, du Luxembourg aux Tuileries ; et ce colosse effroyable ne manqua pas de courtisans. Le *cholera-morbus* en aura.

A compter de ce jour, et aujourd'hui plus que jamais le vaisseau de l'État est enveloppé, de bâbord à tribord et de la poupe à la proue, par une méduse immense qui le promène à son gré dans ses bras gigantesque sur l'océan de ses caprices, et qui le brisera comme un roseau quand il tentera de s'échapper, c'est-à-dire quand les provinces se seront mises à la manœuvre.

Je ne vous dirai pas le nom de l'hydre ; je vous l'ai dit.

Est-ce là le moment de rêver, en face des peuples qui vous regardent, des ambitieux qui vous cadastrent et des tyrans qui vous aspirent, une législation neuve et complète, dont les premières assises ne sont pas même tracées sur votre sol?

Un ministère dont la postérité rattachera le souvenir au nom de M. de Martignac, s'il y a une postérité pour les nations que je vois, entreprit d'en jeter les premiers fondemens.

Deux partis unanimes enfin, par une exception assez mémorable, s'accordèrent à nous refuser l'ébauche d'une institution municipale : l'un dans l'intérêt du pouvoir absolu, dont il rêvait follement la palingénésie impossible; l'autre dans l'intérêt de cette popularité de clameurs, de toasts et de journaux, avec laquelle on fait du patriotisme à Paris quand on a mis sa vanité à la place de la patrie.

Cette fois-là, Français de France, qui n'êtes pas de Paris, vous fûtes trahis par les courtisans d'un trône et par ceux d'une ville; cette fois-là, c'était la première fois, depuis quarante ans, qu'on daignait penser à vous.

Il n'y a donc point, si je ne me trompe, de RÉPUBLIQUE possible pour vous, car je ne connais point de forme imaginable de société sans analogies et sans antécédens. Les anges même des scholastiques ne peuvent parvenir de l'extrémité d'un axe à l'autre sans passer par le milieu. Vous ne ferez jamais comprendre le soleil avant son lever à un aveugle qui a été opéré de la cataracte pendant la nuit. En fait de gouvernement, tout ce qui n'a pas de racines dans les institutions des peuples ne fera que passer. Quoique la statue de Pygmalion fût la plus belle des femmes, l'antiquité ne lui a point donné de postérité, parce qu'elle n'avait point d'ancêtres.

Je ne porte cependant pas si loin le scepticisme douloureux qui m'inquiète sur votre avenir, que je ne croie à la vraisemblance actuelle de quelques années d'ordre et de repos, qui se prolongeraient peut-être, si vous le vouliez fermement, jusqu'au dernier soupir de l'enfant qui vient de naître, et que la nature a marqué pour mourir centenaire. — C'est beaucoup; et quel est le mourant qui refuserait les bénéfices d'une si longue et si douce agonie!

Il ne faudrait pour cela ni une concession de la pensée ni un effort du courage ; il faudrait seulement convenir d'une série de faits évidens que personne ne peut contester.

C'est que jamais aucun peuple sur la terre n'a joui d'une plus ample liberté que la France d'aujourd'hui, sous un gouvernement plus essentiellement intéressé à la maintenir ;

C'est qu'il ne manque au maintien de cette liberté, la seule et la dernière dont il vous reste à jouir, que des lois organiques dont le gouvernement n'est pas plus en état de se passer que vous, et qu'il n'y a que des fous qui improvisent des lois organiques.

C'est qu'il ne manque au maintien de ce pouvoir protecteur que le concours unanime et persistant des honnêtes gens qui aiment mieux la liberté que la vie, et qui, si le choix en devenait un jour nécessaire, aimeraient mieux l'ordre que la liberté, parce que la liberté sans ordre est la plus intolérable des servitudes ;

C'est que la puissance de volonté dont a besoin pour s'affermir cette autorité naissante, qui a été fondée en votre nom, réside en vous seulement, et non dans le caprice mobile de quelques ambitieux qui échangeraient volontiers la gloire et le repos de mille générations françaises contre une heure de popularité factice dans les rues de Babylone.

C'est qu'il serait pénible et honteux pour une nation qui a donné des lois à l'Europe de recevoir des lois d'une poignée d'hommes qu'elle ne connaissait pas hier, et que le flot de l'opinion aura submergés demain.

C'est que les factions turbulentes qui demandent avec tant d'impatience l'élargissement des bases démocratiques de votre monarchie ne les trouveront jamais assez larges tant qu'elles ne seront pas montées dessus.

C'est que la véritable et sûre garantie des libertés politiques que vous avez encore à conquérir ne résultera, quoi qu'il arrive, que d'un bon système d'institutions provinciales sagement mûri, long-temps éprouvé, parfaitement approprié à vos besoins, à vos mœurs, à vos traditions ; et que si vous ne saisissez l'occasion de le recevoir aujourd'hui des mains d'une autorité loyale et bienveillante, cette occasion ne se renouvellera plus.

C'est que vous ne referez désormais un peuple ni avec de glorieuses journées, ni avec des déclamations de gazettes, ni avec des complimens de tribune; ni avec des législateurs à mortier, ni avec des législateurs à bonnets carrés, ni avec des législateurs à bonnets rouges; ni avec des carlistes, ni avec des bonapartistes, ni avec des républicains; mais avec des bourgeois, des municipalités, des communes, et pour tout dire en un mot, AVEC DES FRANÇAIS.

C'est que si vous ne prenez contre le péril qui vous menace, et le genre humain avec vous, une attitude paisible et forte, la première révolution qui éclatera sans votre participation mettra la France entière en interdit au bénéfice de je ne sais qui, et l'y mettra pour jamais.

Je finirai par où j'ai commencé. De quel droit, me répétera-t-on, viendrais-je opposer une résistance sans valeur au mouvement irrésistible des choses?

Du droit d'une indépendance pratique dont ma vie ne s'est jamais départie.

Je ne suis rien parmi vous; je n'y ai jamais rien été; je n'ai pas plus le vouloir que le pouvoir d'y être jamais rien. Je n'y ai pas plus de titres légalement prévus parmi les licenciés électoraux que parmi les riches éligibles; je n'y exerce pas même les droits les plus communs du citoyen; je n'ai pas porté une pierre à la construction de ce trône nouveau; je n'ai pas cousu le moindre lambeau à la pourpre de son dais royal; et si je consens à l'étayer d'un cadavre de plus, c'est que je sais que sa ruine vous écrasera tous.

Qu'importe après cela ma valeur numérique dans le tarif arbitraire de la société?

Qu'importent ma personne et mon nom?

L'Écriture n'a pas même daigné dire celui de cet homme qui apparut pendant trois jours sur les murailles de Jérusalem, en criant d'une voix tonnante : MALHEUR A VOUS, MALHEUR A MOI, SI VOUS NE M'ÉCOUTEZ!

Ce que l'Écriture dit, c'est que cette prophétie se vérifia.

CH. NODIER.

REVUE

POLITIQUE.

FRANCE.

Paris.

Vendredi 7 février 1831.

DU PROJET DE LOI SUR LES ÉLECTIONS. — DE LA LOI DU 5 FÉVRIER 1817. — DU SYSTÈME DES PLUS IMPOSÉS. — QUELS CHANGEMENS FAUT-IL FAIRE A NOTRE LÉGISLATION ÉLECTORALE? — DE LA FIXATION DU CENS. — EXAMEN DES ARTICLES DU PROJET.

Tout pâlit devant la loi des élections, même la retraite de M. de La Fayette, même la dissolution de l'artillerie. Que sont en effet ces embarras de la politique du moment, ces questions d'intérêt spécial ou d'amour-propre personnel, auprès de l'immense intérêt national, auprès du vaste avenir dont la loi des élections décidera?